BEI GRIN MACHT SICH IHR WISSEN BEZAHLT

AF136131

- Wir veröffentlichen Ihre Hausarbeit,
  Bachelor- und Masterarbeit

- Ihr eigenes eBook und Buch -
  weltweit in allen wichtigen Shops

- Verdienen Sie an jedem Verkauf

Jetzt bei www.GRIN.com hochladen und kostenlos publizieren

Ein Einblick in die Persönlichkeitspsychologie. Der Zusammenhang zwischen Persönlichkeit und Gesundheit, Transaktionales Stressmodell und Selbstwirksamkeit

GRIN☺

Bibliografische Information der Deutschen Nationalbibliothek:

Die Deutsche Nationalbibliothek verzeichnet diese Publikation in der Deutschen Nationalbibliografie; detaillierte bibliografische Daten sind im Internet über http://dnb.d-nb.de abrufbar.

ISBN: 9783346258403
Dieses Buch ist auch als E-Book erhältlich.

Einsendeaufgabe

Modul: Persönlichkeitspsychologie

Abgegeben am: 15.08.2019

SRH Fernhochschule

Inhaltsverzeichnis

Abkürzungsverzeichnis

SWE   Selbstwirksamkeitserwartung

Abbildungsverzeichnis

Lösungen Aufgabe B1

Anmerkung der Redaktion: Die Aufgabenstellung wurde aus urheberrechtlichen Gründen entfernt.

Persönlichkeit: In der Wissenschaft gibt es viele verschiedene Definitionen für den Begriff Persönlichkeit, wovon keine allgemein anerkannt ist und keine als richtig oder falsch angesehen werden kann. Als ein Beispiel wird in dieser Einsendeaufgabe Pervin, der Persönlichkeit 1996 wie folgt beschreiben, herangezogen: „Persönlichkeit ist die komplexe Organisation von Kognitionen, Emotionen und Verhalten, die dem Leben der Person Richtung und Zusammenhang gibt. Wie der Körper, so besteht auch Persönlichkeit aus Strukturen und Prozessen und spiegelt „nature" (Gene) und „nuture" (Erfahrung) wider. Darüber hinaus schließt Persönlichkeit die Auswirkungen der Vergangenheit ein, insbesondere Erinnerungen, ebenso wie die Konstruktionen der Gegenwart und der Zukunft." [1] Daraus lässt sich schlussfolgern, dass das Zusammenspiel und die Ausprägungen einzelner Persönlichkeitsmerkmale ein zentraler Aspekt darstellen. Zudem gehören Interaktionsprozesse mit der Umwelt, Erfahrungen, Zielsetzungen, Erwartungshaltungen sowie die Unterschiede zu anderen Personen. Die Persönlichkeitspsychologie versucht mit dem Konstrukt der Persönlichkeit, konkret mit Persönlichkeitsmerkmalen bzw. Persönlichkeitseigenschaften, nicht direkt beobachtbare Sachverhalte und konsistente Verhaltensweisen zu beschreiben und die damit verbundenen Aspekte zu erforschen. [2] Laut Schneewind (2002) tragen verschiedene Faktoren zur Entstehung der Persönlichkeit und der Ausprägung diverser Persönlichkeitsmerkmale bei. Einerseits externe Umwelteinflüsse (bspw. Kultur, soziale Netzwerke), andererseits Erziehungs- und Sozialisationsprozesse (bspw. Familie, Peers, Paarbeziehungen, Freundschaften, Schule, Beruf, Medien).

Zu den <u>Persönlichkeitsmerkmalen</u> gehören nach Schneewind (2002): „(...) die genetische Ausstattung der Person, ihre physischen Merkmale (z.B. Geschlecht, Alter, äußeres Erscheinungsbild, Gesundheitszustand), allgemeine und spezifische kognitive Fähigkeiten (z.B. Intelligenz, Kreativität, Wahrnehmungs- und Denkstile; Wahrnehmung, Denken), generelle Motiv- und Interessensdispositionen (z.B. Bedürfnis nach Wirksamkeit, Kontrolle, Bezogenheit; person- und sachbezogene Interessen), generelle Temperaments- und Persönlichkeitseigenschaften (z.B. Emotionalität, Soziabilität, Aktivität sowie die als Big

---

[1] Vgl. Pervin (1996), S. 414
[2] Vgl. Becker (2014), S. 9

4

Five ... (bekannten; SP) Persönlichkeitsfaktoren: Neurotizismus, Extraversion, Gewissenhaftigkeit, Verträglichkeit und Erfahrungsoffenheit)." [3]

Um den Zusammenhang der Persönlichkeit zur Gesundheit eines Menschen zu beschreiben, wurde der Begriff Persönlichkeit erläutert und nun bedarf es einer Klärung des Begriffes der Gesundheit.

Gesundheit: Die Weltgesundheitsorganisation (engl. World Health Organization, kurz: WHO) definiert den Begriff der Gesundheit wie folgt: „Health is a state of complete physical, mental and social well-being and not merely the absence of disease or infirmity." [4] Diese Definition zeigt auf, dass Gesundheit nicht nur die Abwesenheit von Krankheit ist, sondern einen Zustand vollständigem körperlichen, geistigen und sozialen Wohlbefindens beschreibt. Im Gegensatz zu den Persönlichkeitsmerkmalen muss die Gesundheit als dynamischer Prozess gesehen werden, der zwar als Zustand beschrieben werden kann, allerdings zeitlich variiert. Veränderungen können von einem Tag auf den anderen oder aber auch übe Lebensphasen hinweg stattfinden. [5] „Gesundheit als Zustand (...) lediglich eine punktuelle Momentaufnahme aus dem Ablauf des dynamischen Geschehens." [6]

Zusammenhänge zwischen der Gesundheit und der Persönlichkeit eines Menschen können in unterschiedlichen Modellen dargestellt werden. [7]

Kausale Zusammenhänge zwischen Gesundheit und Persönlichkeit können aufgezeigt werden, wenn Persönlichkeitsmerkmale als biologisch basierte individuelle Unterschiede aufgefasst werden. In der Medizin ist dies eine gängige Vorstellung bei der die Forscher von „zu Krankheiten neigende Persönlichkeiten" erforschten. Hier wird davon ausgegangen, dass die Persönlichkeit die biologischen Aktivitäten eines Individuums direkt beeinflusst und dass diese Aktivitäten eine Auswirkung auf die Entstehung und/oder den Verlauf von Erkrankungen haben. [8] Ein Beispiel für diesen Ansatz bietet das Modell des Typ-A-Musters. Typ-A-Meschen zeigen folgende Eigenschaften: hoher Arbeitseinsatz, stark ausgeprägter Ehrgeiz, hohe Wettbewerbsorientierung und Feindseligkeit. Friedman und Rosenman, zwei amerikanische Kardiologen, begannen 1974 damit, dieses Konstrukt als Risikofaktor für Herzerkrankungen zu untersuchen, da die klassischen Risikofaktoren (bspw. Bluthochdruck,

---

[3] Vgl. Schneewind (2002)
[4] Vgl. Renneberg/Hammelstein (2006), S. 8
[5] Vgl. Faltermaier (2005), S. 35
[6] Vgl. Schwarz (2013), S. 416
[7] Vgl. Smith/Williams (1992)
[8] Vgl. Maltby et al. (2011), S. 851

hoher Cholesterinspiegel, rauchen) sich als nicht ausreichend erwiesen hatten, um das Auftreten von Herzkrankheiten vorherzusagen. [9] Die Bestätigung für einen Zusammenhang lieferte die Western Collaborative Group Study (kurz: WCGS). Das Ergebnis war, dass die Probanden, die in einem zuvor absolvierten strukturierten Interview als Typ-A-Persönlichkeit identifiziert wurden, einer doppelt so großen Gefahr liefen, eine koronare Herzkrankheit zu bekommen wie die restlichen Probanden. [10]

Korrelative Zusammenhänge stellen Modelle dar, die davon ausgehen, dass die gleichen biologischen Ursachen sowohl für die Erkrankung als auch für die Persönlichkeit verantwortlich gemacht werden. Hierbei könnte beispielsweise ein Gen (als biologische Ursache) gleichermaßen im Zusammenhang für die Anfälligkeit einer Krankheit als auch für die Persönlichkeitseigenschaft der Feindseligkeit stehen. [11]

Verhaltensweisen als moderierende Variable beim Zusammenhang zwischen Persönlichkeit und Gesundheit werden in einem dritten Modell beschrieben. Dabei wird davon ausgegangen, dass Persönlichkeitsmerkmale der Personen dazu führen bestimmte Verhaltensweisen zu zeigen, die anschließend einen Einfluss auf die Gesundheit haben. Beispiele können hierbei sein: der Konsum von Alkohol und Drogen, das Rauchen, die Tendenz sich ungesund zu ernähren etc. Das Modell „Sensation-Seeking" beschreibt bspw. das Verhalten von Menschen gegenüber riskanten, aber aufregenden Verhaltensweisen. Ein Beispiel könnte das Konsumieren von illegalen Drogen wegen der Faszination deren Auswirkungen auf die Wahrnehmung darstellen. [12]

Persönlichkeitsveränderungen in Folge einer Erkrankung können ebenfalls einen Zusammenhang zwischen Gesundheit und Persönlichkeit aufzeigen. Beispielsweise könnte es sein, dass sich Menschen, die unter Migräneanfällen leiden aus ihrem sozialen Umfeld zurückziehen. In einer Untersuchung könnte diese Person niedrige Werte auf der Dimension der Extraversion aufweisen, was im Zusammenhang mit der Persönlichkeitsveränderung durch die Migräneerkrankung zu erklären wäre. Es kann davon ausgegangen werden, dass akute gesundheitliche Krisen mit signifikanten psychologischen Auswirkungen einhergehen.[13]

Gesundheitsrelevante Persönlichkeitsmerkmale: Wie bereits erwähnt wurde, spielen Persönlichkeitsmerkmale eine wichtige Rolle in Bezug auf die Zusammenhänge zwischen der Persönlichkeit eines Menschen und dessen Gesundheit. In der Literatur finden sich

---

[9] Vgl. Faltermaier (2005), S. 113
[10] Vgl. Rosenman et al. (1975), zit. nach Maltby et al. (2011), S. 858
[11] Vgl. Maltby et al. (2011), S. 852
[12] Vgl. Segerstrom (2000), S. 185
[13] Vgl. Maltby et al. (2011), S. 852-853

unterschiedliche Einteilungen der Persönlichkeitseigenschaften. So unterscheiden Amelang et al. (2003) zwischen Merkmalen, die den Leistungsbereich und die den Persönlichkeitsbereich einer Person beschreiben. [14] Im Handbuch der Persönlichkeitspsychologie und Differentiellen Psychologie von Hannelore Weber (2005) wird die Unterteilung der Persönlichkeitsmerkmale, die als gesundheitsrelevant nachgewiesen wurden, in zwei Gruppen vorgenommen. In die erste Gruppe werden kognitive Merkmale, die Überzeugungen und Erwartungen betreffen, eingeordnet und in die zweite Gruppe Merkmale, die sich mit dem Erleben und mit der Regulation von Emotionen befassen. Zu den Persönlichkeitseigenschaften, die in die Gruppe der kognitiven Merkmale eingeordnet werden, zählen bspw. der Optimismus, die SWE und der Kohärenzsinn. Persönlichkeitsmerkmale, die das Erleben und die Regulation von Emotionen beschreiben wären z.B. Neurotizismus, Feindseligkeit/Ärger und die Unterdrückung von Emotionen. [15] Es folgen Beispiele, die genauer erläutert werden.

Der Optimismus: in ihrem Modell der Selbstregulation beschreiben Scheier et al. (2001) den dispositionalen Optimismus als die allgemeine Ergebniserwartung „es wird schon alles gut gehen" unabhängig davon, ob erwartet wird, dass das Ergebnis von alleine positiv ausfällt oder ob man selbst etwas dazu beiträgt. [16] Gemessen wird dieses Persönlichkeitsmerkmal mit Hilfe des Life Orientation Tests (LOT-R), das 1994 von Scheier, Carver und Bridges entwickelt wurde, um als Selbstbeurteilungsinstrument individuelle Differenzen von generalisiertem Optimismus vs. Pessimismus zu erheben. [17] Es wird zwischen einem defensiven Optimismus, der sich auf die Abwehr von Bedrohungen richtet und eher zu Fehlscheinschätzungen von gesundheitlichen Risiken führt, und einem funktionalen Optimismus, der dazu führt, dass Verhaltensweisen ausgeführt bzw. aufgenommen werden, welche die Gesundheit langfristig fördern, unterschieden. [18] Das Persönlichkeitsmerkmal Optimismus beeinflusst die Gesundheit auf unterschiedliche Arten. Offensichtlich wenden Optimisten ein flexibles, situationsangemessenes Bewältigungsverhalten an. [19] Durch die effiziente Stressbewältigung, die sich positiv auf das Immunsystem auswirkt, können Optimisten auch körperlich gesünder sein. Optimisten fällt es leichter gesundheitsfördernde Verhaltensweisen über einen längeren Zeitraum durchzuhalten (bspw. gesundes Essverhalten beibehalten, Sport treiben). Zudem erleben

---

[14] Vgl. Amelang et al. (2003)
[15] Vgl. Weber (2005), S. 527-529
[16] Vgl. Scheier et al. (2001), zit. nach Vollmann/Weber (2005), S. 439
[17] Vgl. Scheier et al. (1994), S. 1063-1078
[18] Vgl. Faltenmaier (2005), S. 158-159
[19] Vgl. Vollmann/Weber (2005), S. 439

Optimisten eine stärkere positive Stimmungslage, was ebenfalls der Gesundheit zugutekommt. [20] Jedoch muss erwähnt werden, dass das Merkmal Optimismus auch zu gesundheitsschädigenden Situationen führen kann. In einer Studie wurde nachgewiesen, dass Probanden, die bei einem schwierigen oder gar unlösbaren Rätsel wollten, dass dies mit einer guten Leistung gelöst wird, länger an dem Rätsel arbeiteten, was neben einer erhöhten Anstrengung auch zu einer verstärkten körperlichen Stressreaktion führte. [21]

Der Neurotizismus: in der Literatur wird der Neurotizismus als zentrale Disposition zu negativen Gefühlen beschrieben. [22] Damit ist die generelle Neigung zu negativen Emotionen (bspw. Ängstlichkeit, Niedergeschlagenheit, Schuldgefühle, geringes Selbstwertgefühl, erhöhte Stressreagibilität) und in Folge auch die Abwesenheit von subjektivem Wohlbefinden gemeint. [23] Im Zusammenhang zwischen Neurotizismus und körperlicher Gesundheit ist besonders relevant, dass Menschen mit ausgeprägtem Neurotizismus dazu neigen, von körperlichen Beschwerden/Symptomen zu berichten, ohne dass objektive Befunde dafür vorliegen. Eine erhöhte subjektive Wahrnehmung und die Sensibilität für körperliche Missempfindungen sind charakteristisch für den Neurotizismus.[24] Studien erfassten, dass Neurotizismus nicht mit erhöhter Morbidität und Mortalität verbunden ist, wobei eine mögliche Ausnahme sein könnte, dass durch Neurotizismus Depressivität oder eine klinisch manifeste Depression begünstigt werden kann und durch eine Depression das Sterberisiko aufgrund von koronaren Herzerkrankungen erhöht werden kann. [25]

Handlungsempfehlungen im Rahmen eines betrieblichen Gesundheitsmanagements:
Aufgrund verschiedener Faktoren kann es bei den Mitarbeitenden zu einem Gefühl von Stress kommen, was zu unterschiedlichen Symptomen und/oder Erkrankungen führen kann. Erhöhtes Krankheitsaufkommen infolge von Stress kann nicht nur den betroffenen Mitarbeiter, sondern die gesamte Organisation in unterschiedlichen Bereichen und Ebenen negativ belasten (bspw. Kostenfaktor durch den Ausfall eines Mitarbeiters, Mehraufwand für Arbeitskollegen, die diesen Missstand abfangen müssen, etc.). Aus diesen Gründen ist es wichtig, dass Organisationen bestrebt sind die Mitarbeiter gesund und die Stressoren, die nach Gerring und Zimbardo (2015) als „Ereignisse, welche Anpassungsreaktionen des

---

[20] Vgl. Maltby et al. (2011), S. 871
[21] Vgl. Segerstrom et al. (2004), zit. nach Astrid/Lasse (2007), S. 55
[22] Vgl. Faltermaier (2005), S. 117
[23] Vgl. Faltermaier (2005), S. 120
[24] Vgl. Weber/Vollmann (2005), S. 529
[25] Vgl. Wiebe/Smith (1997)

betreffenden Organismus verlangen" definiert werden, gering zu halten. [26] Eine gängige Methode bietet hierbei das sogenannte <u>Coaching</u>, was eingesetzt wird, um die Mitarbeiter durch eine Fachperson dabei zu unterstützen Ziele zu verfolgen und zu erreichen (hinsichtlich der Arbeit aber auch des Privatlebens sowie der persönlichen Weiterentwicklung auf unterschiedlichen Ebenen). Zudem kann ein Coaching den Mitarbeiter dabei unterstützen, die eigene Leistungsfähigkeit zu erhalten bzw. zu steigern. In Einzelsettings ist vor allem das fundierte Wissen und persönliche Kompetenzen des Coaches und die Bereitschaft des Mitarbeiters zur Teilnahme maßgeblich für den Erfolg eines Coachings. [27] Werden gesundheitsrelevante Aspekte während eines Coachings definiert, bearbeitet und gestärkt, kann die Organisation davon profitieren. Der Mitarbeiter kann dadurch neue und wichtige Handlungsstrategien erlernen, um besser mit Stress umzugehen. Daher können Coachings positive Veränderungen sowohl auf der Ebene der Mitarbeiter, auf ihre gesundheitsrelevanten Persönlichkeitsmerkmale haben als auch langfristig auf die gesamte Organisation, deren Abläufe und deren Gewinne. [28] Heppelter und Möller setzten 2013 einen wichtigen Beitrag mit ihrem Werk: „Kompetenzorientierte Diagnostik im Coaching: Wie ich wurde, was ich bin". Darin erläutern die Autorinnen die Wichtigkeit einer individuellen Diagnostik eines Mitarbeiters, der im Rahmen eines Coachings in seinen Persönlichkeitsmerkmalen gestärkt werden soll, um für die zunehmend dynamische Arbeitswelt gewappnet zu sein. Ihre Betrachtungsweise richtet sich nach der Autobiographie des Mitarbeiters, welcher gecoacht werden soll. [29] Das Coaching kann im Rahmen eines betrieblichen Gesundheitsmanagements eine gewinnbringende Methode für alle Beteiligten sein, bei dem gesundheitsrelevante Persönlichkeitsmerkmale beleuchtet und beeinflusst werden können.[30]

---

[26] Vgl. Kauffeld (2014), S. 242
[27] Vgl. Kauffeld (2014), S. 60
[28] Vgl. Kühl (2005), S. 22
[29] Vgl. Heppelter/Möller (2013)
[30] Vgl. Triebel et al. (2016), S. 84

Lösungen Aufgabe B2

Anmerkung der Redaktion: Die Aufgabenstellung wurde aus urheberrechtlichen Gründen entfernt.

Selbstwirksamkeitserwartung

„Nur der Glaube und das Vertrauen in die eigenen Fähigkeiten und Kompetenzen lässt uns manch eine Handlung ausführen." (Bandura (1977))

Albert Bandura (geb. 04.12.1925) gilt als einer der Begründer der „kognitiven Wende". Er löste den Blick vom von außen durch Reize gesteuerten Menschen (=Behaviorismus) und lenkte ihn hin zu einem Menschenbild, das von Kognitionen und Denkvorgängen gelenkt wird. Das Konstrukt der SWE entsprang seiner sozial-kognitiven Theorie und wir im Folgenden näher erklärt. [31]

Konsequenz- und Selbstwirksamkeitserwartung: In Albert Banduras sozial-kognitiven Theorie wird. u.A. angenommen, dass das Verhalten sowie Verhaltensänderungen einer Person maßgeblich durch subjektive Überzeugungen bestimmt werden. Die Konsequenzerwartung (auch Handlungserwartung) bezieht sich auf die Abschätzung der Folgen einer Handlung einer Person und die SWE auf die Einschätzung der persönlichen Fähigkeiten in Bezug auf die Bewältigung eines Ereignisses.

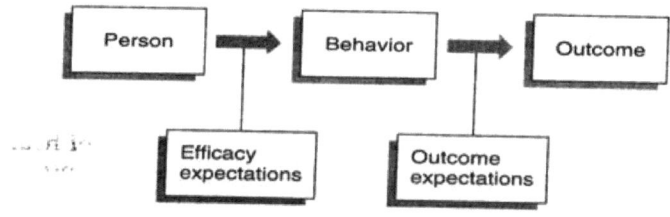

Abbildung 1: Selbstwirksamkeitserwartungen und Handlungserwartungen nach Albert Bandura[32]

Pervin et al. fassen die sozial-kognitive Sichtweise wie folgt zusammen:

„Zusammenfassend lässt sich über die sozial-kognitive Sichtweise der Motivation sagen, dass Menschen Ziele (…) entwickeln, die ihnen als Grundlage für ihre Handlungen dienen. Die Person (…) trifft für das notwendige konkrete Verhalten eine Entscheidung auf der Basis der erwarteten Ergebnisse (…) und der wahrgenommenen Selbstwirksamkeit. (…)." [33]

---

[31] Vgl. https://de.thpanorama.com/blog/psicologia/albert-bandura-biografa-y-teora-del- aprendizaje-social.html Zugriff am 10.08.2019
[32] Vgl. Bandura (1977), S. 191-215
[33] Pervin et al. (2005), S. 552

Quellen der SWE: Albert Bandura benennt vier Entstehungs- und Entwicklungshintergründe als Quellen der SWE, die von der Person als negativ oder als negativ gewertet werden können und demnach eine fördernde oder hemmende Wirkung auf die SWE haben. [34]

„Experience of Mastery" – die eigenen Erfolgserlebnisse, die man durch das Erleben und Meistern von schwierigen oder herausfordernden Situationen hat. Eine erfolgreich gemeisterte Herausforderung, führt zu einer Stärkung der SWE. Dieser Effekt kann verstärkt werden, wenn die Erfolge der eigenen Anstrengung und Fähigkeit zugeschrieben werden. Dabei kann auch die Motivation durch Erfolgserlebnisse gesteigert werden. Wird eine herausfordernde Situation jedoch nicht gemeistert, entsteht ein Misserfolg für die Person, welche zu einer Schwächung der SWE führt, vor allem dann, wenn das Scheitern der eigenen Person zugeschrieben wird. Wenn die SWE jedoch schon sehr stark ist, haben einzelne Misserfolge kaum mehr einen schädigenden Einfluss, sondern werden konstruktiv in zielgerichtetes Verhalten umgewandelt.

„Vicarious Experience" – das Beobachten von Modellpersonen (=Person, die vom Beobachter auf irgendeine Art als ähnlich zur eigenen Person wahrgenommen wird) die eine herausfordernde Situation erleben und diese auch meistern oder eben nicht. Die dadurch beobachteten Erkenntnisse werden auf die eigene Person projiziert. Dieser Effekt kann verstärkt werden und zwar umso mehr je größer die Ähnlichkeit zur beobachteten Person wahrgenommen wird (bspw. durch das Geschlecht, dem Alter). Zudem kann die Beeinflussung erhöht werden, wenn im Anschluss noch eine Belohnung der Modellperson nach einem Erfolgserlebnis beobachtet wird. Dies gilt jedoch auch bei Misserfolgen und daraus resultierende Strafen oder Sanktionen, was die SWE verstärkt abschwächen kann.

„Verbal Persuasion" – umgangssprachlich wird diese Quelle als „gut-zureden" beschrieben. So können Personen, die verbal ermutigt werden, davon profitieren, indem sie den Glauben und das Vertrauen in sich selbst stärken. Wichtig dabei ist, dass die Person nicht unrealistisch ermutigt und auch nicht überfordert wird. Zudem sollte beachtet werden, dass es zu keiner Überschätzung der Person selbst oder der Person, die ermutigt, kommen sollte. Dann könnte ein Misserfolg resultieren, was, wie bereits erwähnt, zu einer Senkung der SWE führt. Zudem ist es wichtig die Ermutigung in einem guten Maß stattfinden zu lassen, um nicht unglaubhaft zu wirken und die Ermutigung nicht zur Überredung lassen zu werden. Dies könnte durchschaut werden und zum Gegenteil des

---

[34] Vgl. Bandura (1993), S. 117-148

Beabsichtigten führen. [35] Dieser Beispielsatz nach Bandura (1982) erklärt kurz und prägnant, wie Ermutigung in der Praxis umgesetzt werden kann: „Du schaffst das!"

„Emotional Arousal" – die schwächste Informationsquelle der SWE stellt die emotionale Erregung dar. Die Wahrnehmung der eigenen Gefühle hat einen direkten Einfluss auf die SWE einer Person. Anspannung durch emotionale Reaktionen wie bspw. Angst lassen leicht Selbstzweifel aufkommen und dies kann als Hinweis auf die eigenen unzureichenden Kompetenzen gewertet werden. Bei physiologischen Reaktionen wie Herzklopfen, Übelkeit oder Schweißausbrüchen steigt der Stresspegel und die SWE sinkt. Strategien im Umgang mit diesen körperlichen Reaktionen und den emotionalen Erregungen können dabei helfen, die Theorie dieser Quelle zu nutzen, um die Reaktionen in eine positive Richtung zu kehren und damit für eine Steigerung der SWE zu sorgen. [36] In Abbildung 2 sind die vier Quellen der SWE dargestellt.

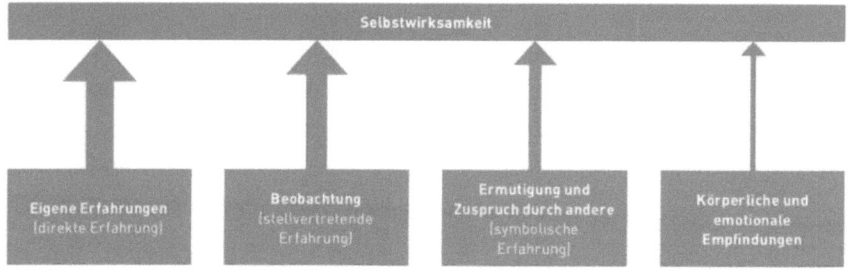

Abbildung 2: Faktoren, welche die SWE beeinflussen (je stärker der Pfeil, desto größer der Einfluss) [37]

Auswirkungen der SWE: Bandura nennt vier unterschiedliche Prozesse, die von der SWE beeinflusst werden und folglich Auswirkungen auf das menschliche Verhalten haben.

Kognitive Prozesse haben eine Auswirkung auf die Zielsetzung einer Person und beschreiben die Denkvorgänge, die dabei entstehen. Sie sucht sich Ziele danach aus, wie stark sie von sich und den eigenen Fähigkeiten überzeugt ist. Eine höhere SWE führt dazu, dass anspruchsvollere Ziele gesteckt werden. Sie stellen sich im Vorhinein eher vor dieses Ziel auch zu erreichen.

Motivationale Prozesse haben eine Auswirkung auf Kausalattributionen, Konsequenzerwartungen, Standards und Ziele und beschreiben Handlungen und die Motive in Bezug zu diesen. Die Kausalattribution beschreibt die Wahl der Begründung eines Erfolgs

---

[35] Vgl. Jerusalem/Schwarzer (2002), S. 28-53
[36] Ebenda
[37] Gesundheitsförderung Schweiz (2019), Anlehnung an Brinkmann (2014)

oder Misserfolgs. Eine Person mit hoher SWE findet den Grund eines Misserfolgs eher in schlechten Bedingungen und/oder mangelnder Anstrengung, wohingegen Menschen mit schwacher SWE den Grund eines Misserfolgs in mangelnden eigenen Fähigkeiten sehen würden. Die Konsequenzerwartung entscheidet, ob eine Handlung vollbracht wird oder nicht. Mangelnde SWE führt dazu, dass ein Verhalten erst gar nicht umgesetzt wird, da die Person nicht davon überzeugt ist, damit erfolgreich zu sein, auch wie attraktiv die Ergebnisse wären. Die Standards und Ziele beschreiben den Abgleich der Sollleistung zur persönlich wahrgenommenen Leistung. Ist eine Person mit der eigenen Leistung zufrieden, so wächst die langfristige Motivation, aber ist sie es nicht, wird die Motivation sinken.

Emotionale Prozesse haben eine Auswirkung auf die Bewältigungswirksamkeit, die Gedankenkontrollwirksamkeit und beinhalten die Gefühlsebene einer Person. Unter Bewältigungswirksamkeit wird die Überzeugung einer Person, stressige Ereignisse mit Hilfe der eigenen Ressourcen kontrollieren zu können, verstanden. Ist die Gedankenkontrollwirksamkeit hoch, bedeutet dies, dass die Person in der Lage ist das Nachdenken und Grübeln nach einer bestimmten Zeit auch wieder unterlassen werden können und somit die Fähigkeit zu besitzen, die eigenen Gedanken kontrollieren zu können.

Selektionsprozesse haben eine Auswirkung auf den Entscheidungsprozess und darauf was eine Person wählt. Dieser Prozess steuert die Auswahl von Situationen und ob diese gemieden oder angenommen werden. Menschen mit ausgeprägter SWE neigen eher dazu, herausfordernde Situationen anzugehen, da sie eher davon überzeugt sind diese auch zu meistern. Menschen mit schwacher SWE hingegen meiden diese Situationen eher, da sie der Meinung sind, nicht über die benötigten Kompetenzen zu verfügen. [38] Im Anschluss folgt mit der Abbildung 3 eine Veranschaulichung, welche Auswirkungen eine hohe bzw. eine geringe SWE haben kann.

---

[38] Vgl. Bandura (1997)

Hohe Selbstwirksamkeit	Geringe Selbstwirksamkeit
– Wählen anspruchsvolle aber realistische Ziele aus	– Wählen meist zu leichte oder (interessanterweise) auch zu schwere Ziele
– Zeigen eine höhere Ausdauer, verfolgen Ziele hartnäckiger	– Geben bei Herausforderungen schnell auf
– Halten an ihren Zielen fest, wenn sie diese Ziele zunächst nicht erreicht haben	– Wählen leichtere Ziele, wenn sie Ziele nicht erreicht haben
– Erhöhen ihre Anstrengung, wenn Ergebnisse nicht gut genug sind	– Reduzieren die Anstrengung, wenn Ergebnisse nicht gut genug sind
– Sind robust bei negativen Ereignissen	– Geben bei negativen Ereignissen schnell auf

Abbildung 3: Gegenüberstellung von hoher und niedriger SWE und die Auswirkungen auf die Persönlichkeit [39]

Das Konstrukt der SWE in Bezug auf das Erstellen einer Bachelor-Thesis

Eine Bachelorarbeit zu erstellen erfordert viel Anstrengung, Motivation, Durchhaltevermögen und stellt eine konkrete Zielsetzung für eine Person dar: in 3 Monaten eine ca. 40-seitige wissenschaftliche Arbeit zu erstellen. Nur wenn die SWE und damit die Überzeugung, dass man das schaffen kann, hoch genug ist, setzt man sich dieses Ziel und auch nur dann kann man es auch schaffen. Die SWE bestimmt wie hoch die Anstrengung ist, die man in das Schreiben dieser Arbeit steckt, wie zielstrebig man sein Ziel verfolgt und ob man sich ablenken lässt. Zudem entscheidet die SWE einer Person ebenfalls darüber, ob man das Erstellen einer Bachelor-Arbeit als herausfordernd und positiv erachtet oder mit negativen Gefühlen verbindet. [40] Wie können nun die Quellen der SWE für die Verbesserung der SWE in Bezug auf das Erstellen einer Bachelor-Thesis genutzt werden? In Bezug auf die im oberen Teil dieser Einsendeaufgabe beschriebenen Quellen sowie der verwendeten Literatur folgen nachstehend einige Vorschläge.

Eigene Erfolgserlebnisse: um zur Möglichkeit zu kommen eine Bachelor-Arbeit schreiben und abgeben zu dürfen, kommt man erst, nachdem man zuvor eine bestimmte Anzahl an ECTS absolviert hat. Dieser Vorgang geht also mit vorangegangenen bereits geschriebenen Hausarbeiten einher. Diese mussten positiv bewertet werden, um die ECTS auch zu erhalten. Es kann also geschlussfolgert werden, dass zuvor verfasste Hausarbeiten einem gewissen Niveau entsprachen. Das alles führte zu bereits erlebten Erfolgserlebnissen in Bezug auf das Erstellen von wissenschaftlichen Arbeiten. So kann im Falle der Bachelor-Arbeit auf eigene Erfolgserlebnisse zurückgegriffen werden, indem man sich bewusst macht, dass man in den letzten Semestern während des Studiums bereits mehrere Hausarbeiten

---

[39] Vgl. Becker (2019), S. 179
[40] Vgl. Schwarzer (1996), S. 20-25

erfolgreich verfasst hat und nun darauf vertraut, dass man auch diese Herausforderung erfolgreich meistern kann und wird. Wichtig ist hierbei, dass man den erreichten Erfolg auch seiner eigenen Person und den eigenen Fähigkeiten zuschreibt sowie den geleisteten Anstrengungen zuschreibt. [41]

Stellvertretende Erfahrungen: indirekte Erfahrungen können ebenfalls als Quelle für die eigene SWE genutzt werden. Mit Absolventen von Hochschulen, die bereits die Erfahrung der Erstellung einer Bachelor-Arbeit gemacht haben, kann gesprochen werden und im Zuge dessen an Zuversicht gewonnen werden. Dies kann den Glauben daran stärken es auch selbst zu schaffen. Ist die Person, welche diese Erfahrung bereits gemacht hat, ähnlich zur eigenen Person oder lassen sich Parallelen sehen, so wird der Effekt der Steigerung der eigenen SWE noch verstärkt.

Verbale Ermutigung: „Ich glaube an dich", „Du schaffst das". Das sind zwei Beispielsätze für die verbale Ermutigung. Es ist hilfreich sich Unterstützung und positiven Zuspruch im Umfeld zu suchen. Wichtig ist, dass die Person, die den Zuspruch leistet als glaubwürdig und bedeutend empfunden wird. [42] Das kann bspw. eine angesehene Autoritätsperson sein (bspw. eine Führungsperson im Unternehmen) oder der Partner in der Beziehung.

Emotionale Erregung: wird in Verbindung mit dem Gedanken an das Erstellen einer Bachelor-Thesis bereits Stress empfunden, kann es hilfreich sein, sich damit auseinander zu setzen und Strategien zu suchen und zu erlernen den empfundenen Stress zu reduzieren. Hierbei könnte bspw. die mentale Umstrukturierung hilfreich sein, bei der man die Situation kognitiv anders sieht bzw. bewertet. Folglich soll man sich selbst den Druck nehmen können. Das könnte also sein, dass man erst das negative Gefühl wahrnimmt eine sehr gute Note schreiben zu müssen und mit Hilfe der mentalen Umstrukturierung sich selbst zuredet, dass es auch ausreicht, einfach zu bestehen. Damit kann der subjektive Stress reduziert werden.[43] Auch andere Methoden können sinnvoll sein, um generell Stress zu reduzieren (bspw. Bewegung [44]), hierbei sollte jeder selbst Strategien suchen, die zu einem passen.

---

[41] Vgl. Schwarzer/Jerusalem (2002), S. 42
[42] Vgl. Schwarzer (1996), S. 23
[43] Vgl. Faltermaier (2005), S. 101
[44] Vgl. Schwarzer (1996), S. 207

Lösungen Aufgabe B3

Anmerkung der Redaktion: Die Aufgabenstellung wurde aus urheberrechtlichen Gründen entfernt.

Stress (lat. „stringere" = „zusammenziehen")[45] Der Begriff „Stress" wird in der Literatur unterschiedlich definiert, je nachdem welchen Lebensbereich er beschreibt und unter welchem Aspekt er untersucht wurde, gibt es dabei unterschiedliche Beschreibungen. Eine eher allgemein gehaltene Definition setzte der Mediziner Hans Selye im Jahr 1974, der Stress definierte als „(…) unspezifische Reaktion des Körpers auf jede an ihn gestellte Anforderung." [46] Ein anderes Beispiel dafür bildet die Definition von Lazarus und Folkman (1984): „Stress is a particular relationship between the person and the environment that is appraised by the person as taxing or exceeding his or her resources and endangering his or her well-being." Die Stressforschung von Lazarus ist dabei bis heute sehr bedeutsam. Diese ist bekannt für die sogenannte „kognitive Wende". Dieser Ansatz betrachtet Stress als einen Prozessvorgang, beschreibt diesen Ablauf und beschäftigt sich mit der Bewältigung von Stress. [47] Somit lässt sich Stress bspw. auch als "besondere Beziehung zwischen Person und Umwelt" definieren. Beispiele für mögliche Stressoren (def. als die Ursachen von Stress) können Alltagsbelastungen (Hetze, Termindruck), physikalisch-sensorische Reize (Lärm, Monotonie), körperliche Stressoren (Schmerz, Hunger), Leistungsstressoren (Über- und Unterforderung), psychosoziale Stressoren (niedrige Selbstachtung, Unsicherheit, sexuelle Belästigung, Krisen), sozioökonomische Stressoren (niedriges Einkommen, Armut), belastende Lebensereignisse (Verlust von Bezugspersonen, Scheidung), chronische Spannungen/Belastungen (Rollenkonflikte, dauerhafte Überlastung, langandauernde Krankheiten) und biografische Übergange im Lebenslauf mit Krisen-Potenzial (Pubertät, Klimakterium) sein. [48] Aus der oben genannten Definition für den Begriff „Stress" ist abzuleiten, dass der Bewertungsprozess („appraisals") von den Anforderungen und den persönlichen Ressourcen sowie dem Aspekt der Bewältigung, von den Forschern

---

[45] Vgl. Greiner et al. (2012), S. 18
[46] Vgl. Selye (1974), S. 58
[47] Vgl. Reif et al. (2018), S. 44
[48] Vgl. Steinmann, Gesundheitsförderung Schweiz (2005) S. 43

hervorgehoben wurde. Diese Überlegungen bilden das Transaktionale Stressmodell nach Lazarus und Folkman (1984), das in Abbildung 4 dargestellt wurde.

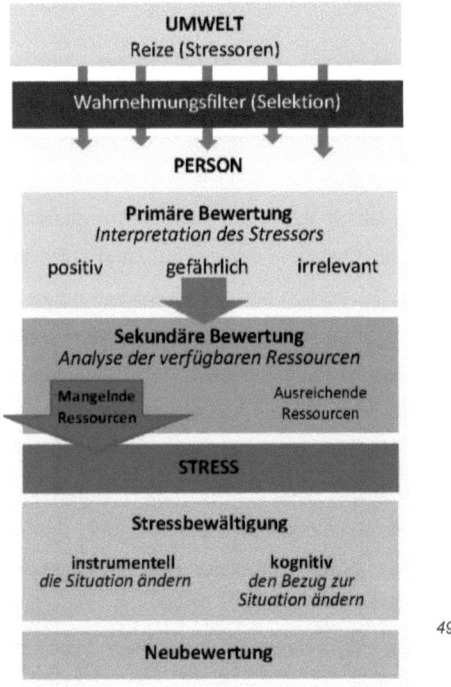

Abbildung 4: Transaktionales Stressmodell nach Lazarus und Folkman

Bezüglich des Begriffes der Bewertung muss erläutert werden, dass in der primären Bewertung die Auseinandersetzung mit dem Ereignis in Hinblick auf das eigene Wohlergehen erfolgt, was dazu führt, ob ein Spannungszustand hervorgerufen wird oder nicht. Als sekundäre Einschätzung wird überprüft, ob die zur Verfügung stehenden Ressourcen ausreichen, um das Ereignis zu bewältigen. Ist das Ergebnis dieser Bewertung, dass es unsicher ist, ob das Ereignis mit den vorhandenen Ressourcen ohne Schaden am eigenen Wohlbefinden durchlebt werden kann und sind zudem negative Konsequenzen aufgrund des möglichen Misserfolgs die Folgen, entsteht Stress. Diese Einschätzung ist, nach Lazarus, maßgeblich dafür verantwortlich, ob eine Stresssituation als negativ und bedrohlich oder aber als positiv und herausfordernd interpretiert wird. [50] Anschließend folgt der Vorgang der Bewältigung in diesem Prozess. Die Bewältigung dieser Anforderungen

---

[49] Vgl. http://www.burnoutvermeiden.at/blog/transaktionales-stressmodell/ (Zugriff am 11.08.2019)
[50] Vgl. Faltermaier (2005), S. 77-79

spielt eine wichtige Rolle und wird von Lazarus wie folgt definiert: „constantly changing cognitive and behavioral efforts to manage specific external and/or internal demands that are appraised as taxing or exceeding the resources oft he person". Das Bewältigen von erlebten Belastungen wird unter dem Begriff „coping" beschrieben. [51] Darunter wird also der Prozess der Bewältigung von externen und internen Anforderungen, die von der Person als ressourcenübersteigend empfunden werden, verstanden. [52] Bewältigungsversuche können innerpsychisch (z.B. durch eine innerpsychische Neubewertung) stattfinden oder das nachvollziehbare Verhalten betreffen. Sie zielen darauf ab, das innere Wohlbefinden zurück zu gewinnen und emotionale Belastungen abzubauen und finden erst durch bewusste Anstrengung und Entscheidung statt. [53] In Bezug auf die Stressbewältigung wird von den Forschern zwischen instrumenteller Stressbewältigung (auch problembezogenes Coping genannt) und kognitiver Stressbewältigung (auch emotionsbezogenes Coping genannt) unterschieden. [54] Auf diese beiden Bewältigungsprozesse wird nach der Beschreibung des letzten Punktes des Transaktionales Stressmodells, der „Neubewertung", näher eingegangen. Die Neubewertung beschreibt den Vorgang, in dem das Individuum in einem letzten Schritt die Situation neu bewertet. Dadurch kann sich die Einschätzung, die zuvor getroffen wurde, verändern. Eine bisher als negativ wahrgenommene Situation könnte bspw. nach der Neubewertung als Herausforderung und positive Bereicherung eingeschätzt werden, der für positiven und nicht schädigenden Stress sorgt. Diese Situation könnte nach der neuen Einschätzung nun keinen Stress mehr bewirken. [55] Nachfolgend werden die Bewältigungsstrategien näher erläutert. „Copingstrategien dienen dazu, negative Konsequenzen von Stressoren zu verhindern oder zu reduzieren". [56]

Problembezogenes Coping: die Person versucht die Situation zu verändern, aus der die Anforderungen entstehen. Eine Veränderung auf der Person-Umwelt-Beziehung wird angestrebt, um die Bedingungen/Ursachen zu ändern oder zu stoppen, von denen eine Bedrohung, Schädigung oder Herausforderung ausgeht. Ein Beispiel für die instrumentelle Stressbewältigung wäre das Aufsuchen eines klärenden Gesprächs mit dem Chef bei belastenden Anforderungen im Job. [57] Ein weiteres Beispiel wäre die aktive

---

[51] Vgl. Lazarus/Folkman (1984), S. 19
[52] Vgl. Lazarus/Folkman (1984), S. 283
[53] Vgl. Faltermaier (2005), S. 77-79
[54] Vgl. Laux (2008), S. 224-226
[55] Vgl. Reif et al. (2018), S. 44-46
[56] Vgl. Greiner et al. (2012), S. 20
[57] Vgl. Bundschuh (2003), S. 106

Informationssuche, um eine anstehende, herausfordernde Situation bspw. im Job besser meistern zu können. [58]

Emotionsbezogenes Coping: die Person versucht die eigenen Emotionen zu regulieren, die durch ein Ereignis entstanden sind. Eine durch eigene Anstrengungen hervorgerufene Veränderung der eigenen Emotionen wird angestrebt. Abwehrmechanismen wie Verdrängung, Vermeidung oder Distanzierung zur Bedrohung können Möglichkeiten für eine kognitiven Stressbewältigung sein. [59] Ein Beispiel für die kognitive Stressbewältigung wäre der Konsum von Alkohol oder illegalen Drogen als Versuch die eigenen Gefühle bspw. bei Trauer zu dämpfen. [60] Ein anderes Beispiel wäre das Verdrängen des Schmerzes, der nach einem Unfall mit Verletzung entstanden ist, um zunächst Hilfe zu rufen. [61]

Anzumerken ist, dass das Bewältigungsverhalten einer Person bereichsspezifisch ist und vom jeweiligen Kontext, von der Art des Stressors und den Möglichkeiten zur Kontrolle abhängt. Dieselbe Person könnte demnach unterschiedliche Coping-Strategien je nach Bereich bspw. „Arbeit", „Gesundheit" und „Paarbeziehung" anwenden. [62] Emotionsbezogenes Coping findet eher in nicht kontrollierbaren Situationen statt, problemorientiertes Coping stattdessen in Situationen, die von der Person selbst beeinflusst werden können. [63] Forschungsarbeiten haben erwiesen, dass emotionsbezogenes Coping in manchen Fällen durchaus sinnvoll ist, da diese Form der Problembewältigung kurzfristig wirkt und das Wohlbefinden schützt, auf längere Sicht jedoch sogar psychosoziale Folgen mit sich ziehen kann, da keine Lösung angestrebt wird. [64]

Das Stressempfinden sowie die Coping-Strategien und -Stile hängen von den Ressourcen bzw. verfügbaren Entlastungsfaktoren ab. Dabei wird unterschieden zwischen situationsbezogenen (äußeren) Ressourcen (bspw. Handlungsspielräume, soziale/materielle Unterstützung, emotionaler Beistand von außen) und personenbezogenen Ressourcen (bspw. eigener Gesundheitszustand, Optimismus, SWE, Selbstvertrauen, Resilienz, eigene Qualifikationen und Kompetenzen). [65] Der beste Effekt im Bereich des Copings kann erzielt werden, wenn Bewältigungsressourcen auf mehreren Ebenen gewählt werden und ineinandergreifen: körperlich-physische Bewältigung, kognitive

---

[58] Vgl. Beck/Tröster (2017), S. 215-235
[59] Vgl. Leyendecker (2006), S. 25
[60] Vgl. Bundschuh (2003), S. 106
[61] Vgl. Menche (2007), S. 227
[62] Vgl. Lazarus/Folkman (1984)
[63] Vgl. Perrig-Chiello et al. (2001), S. 98
[64] Vgl. Beck/Tröster (2017), S. 215–235
[65] Vgl. Udrus/Frese (1999), S. 433–435

Bewältigung, emotionale Bewältigung, soziale Bewältigung. [66] So können erfolgreiche Bewältigungsstrategien zum Erhalt bzw. zur Verbesserung der Gesundheit beitragen. [67] Abschließend folgen Praxisbeispiele die Vorschläge für die Ressourcennutzung in unterschiedlichen Situationen zeigen.

Bsp. 1 Arbeitsüberlastung: optimales Zeitmanagement (eigene Handlungsspielräume nutzen), Unterstützung suchen beim Chef / bei Arbeitskollegen, mit Freunden verbal austauschen (emotionaler Beistand suchen), Selbstvertrauen und SWE bestärken und nutzen (Ressourcen der eigenen Persönlichkeit), Entspannungskurse besuchen.

Bsp. 2 herausfordernde Situation im Job: Recherche, um die eigenen Kompetenzen zu checken und ggfs. neues Wissen anzueignen sowie die Nutzung der Ressourcen der eigenen Persönlichkeit (SWE; Selbstverstrauen etc.), mit Freunden austauschen (emotionale Unterstützung), mit Arbeitskollegen besprechen und die kommende Situation gut vorbereiten.

Bsp. 3 Gefühl der Trauer: emotionalen Beistand bei Freunden oder Familie suchen, professionelle Begleitung in Anspruch nehmen, auf die eigenen persönlichen Eigenschaften vertrauen (bspw. Resilienz).

Bsp. 4 Verletzung nach einem Unfall: um Hilfe rufen (soziale Unterstützung), medizinische Hilfe in Anspruch nehmen, auf die eigenen persönlichen Stärken vertrauen (bspw. Resilienz).

---

[66] Vgl. Hurrelmann (2003), S. 53
[67] Vgl. Franzkowiak/Franke (2018)

Literaturverzeichnis

Quellen aus Büchern:

Amelang, M. & Schmidt-Rathjens, C. (2003). Persönlichkeit, Krebs und koronare Herzerkrankungen: Fiktionen und Fakten in der Ätiologieforschung. Psychologische Rundschau, 54.

Astrid, S. & Lasse, H. (2007). Positives Denken. Vorteile – Risiken – Alternativen. Stuttgart: Kohlhammer.

Bandura, A. (1977). Self-efficacy: Toward a unifying theory of behavioral change. Psychological Review, 84. New York: Freeman.

Bandura, A. (1993). Perceived Self-Efficacy in Cognitive Development and Functioning. Educational Psychologist.

Bandura, A. (1997). Self-efficacy: The exercise of control. New York: Freeman.

Beck, J. & Tröster, H. (2017), Stressvulnerabilität, Stresssymptomatik und Stressbewältigung bei Schülerinnen und Schülern mit und ohne sonderpädagogischem Förderbedarf, Empirische Sonderpädagogik, Nr. 3.

Becker, B. (2014). Grundlagen der Differentiellen- und Persönlichkeitspsychologie. Studienbrief SRH Fernhochschule – The Mobile University. Titel-Nr.: 1105-01. (1.1. Einführung, S. 9)

Becker, F. (2019). Mitarbeiter wirksam motivieren. Mitarbeitermotivation mit der Macht der Psychologie. Berlin: Springer.

Bundschuh, K. (2003). Emotionalität, Lernen und Verhalten – ein heilpädagogisches Lehrbuch. Bad Heilbrunn: Klinkhardt.

Faltermaier, T. (2005). Gesundheitspsychologie. Grundriss der Psychologie, Band 21. Stuttgart: Kohlhammer.

Franzkowiak, P. & Franke, A. (2018). Stress und Stressbewältigung. BZgA. Leitbegriffe der Gesundheitsförderung.

Greiner, A., Langer, S. & Schütz, A. (2012). Stressbewältigung für Erwachsene mit ADHS. Springer.

Heppelter N. & Möller H. (2013). Kompetenzorientierte Diagnostik im Coaching: Wie ich wurde, was ich bin. In: Möller H., Kotte S. (eds) Diagnostik im Coaching. Springer, Berlin, Heidelberg.

Hurrelmann, K. (2003). Gesundheitssoziologie, Weinheim.

Kauffeld, S. (2014). Arbeits-, Organisations- und Personalpsychologie für Bachelor. Mit 44 Abbildungen und 36 Tabellen (Springer-Lehrbuch, 2., überarbeitete Aufl.). Berlin: Springer.

Kühl, S. (2005). Das Scharlatanerieproblem. Coaching zwischen Qualitätsproblemen und Professionalisierungsbemühungen. Köln: DGSv.

Laux, L. (2008). Persönlichkeitspsychologie. Grudnriss der Psychologie Band 11, 2. Aufl., Kohlhammer.

Lazarus, R. S. & Folkman, S. (1984). Stress, appraisal and coping, New York.

Leyendecker, C. (2006). Geschädigter Körper =/ behindertes Selbst oder: "In erster Linie bin ich Mensch" - Eine Einführung zum Verständnis und ein systematischer Überblick zu Körperschädigung und Behinderungen. In K. Kallenbach (Hrsg.). Bad Heilbrunn/Obb: Klinkhardt.

Maltby, J., Day, L. & Macaskill, A. (2011). Differentielle Psychologie, Persönlichkeit und Intelligenz. 2. Auflage, Pearson Studium.

Menche, N. (2007). Biologie, Anatomie, Physiologie: kompaktes Lehrbuch für Pflegeberufe. Urban & Fischer.

Perrig-Chiello, P., Höpflinger, F., unter Mitarbeit von Kaiser, A., Sturzenegger, M. & Perren, S. (2001). Zwischen den Generationen. Frauen und Männer im mittleren Lebensalter, Zürich.

Pervin, L. A. (1996). The science of personality. New York: Wiley.

Pervin, L.A., Cervone, D. & John, O.P. (2005), Persönlichkeitstheorien. (5. Auflage).

München: Ernst Reinhardt Verlag (UTB).

Reif, J., Spieß, E. & Stadler, P. (2018). Effektiver Umgang mit Stress. Gesundheitsmanagement im Beruf (Die Wirtschaftspsychologie). Berlin: Springer.

Renneberg, B. & Hammelstein, P. (2006). Gesundheitspsychologie. Mit 21 Tabellen (Springer-Lehrbuch Bachelor/Master). Heidelberg: Springer.

Scheier, M. F., Carver, C. S. & Bridges, M. W. (1994). Distinguishing optimism from neuroticism (and trait anxiety, selfmastery, and self-esteem): A reevaluation of the Life Orientation Test. Journal of Personality and Social Psychology, 67.

Schneewind, K.A. (2002). Persönlichkeit. In G. Wenninger, Lexikon der Psychologie (CD- ROM). Heidelberg: Spektrum.

Schwarz, W. (2013). Antonovskys Gesundheitsmodell. In U. Beise, S. Heimes & W. Schwarz (Hrsg.), Gesundheits- und Krankenlehre. Lehrbuch für Gesundheits- Kran- ken- und Altenpflege (3. Aufl., S. 415-422). Berlin: Springer.

Schwarzer, R. & Jerusalem, M. (2002). Das Konzept der Selbstwirksamkeit. In M. Jerusalem & D. Hopf (Hrsg.), Selbstwirksamkeit und Motivationsprozesse in Bildungsinstitutionen, Zeitschrift für Pädagogik, 44. Weinheim: Beltz.

Schwarzer, R. (1996, 2. überarbeitete Auflage). Psychologie des Gesundheitsverhaltens. Berlin: Hogrefe.

Segerstrom, S.C. (2000). Personality and the immune system: models, methods, and mechanisms. Anals of Behavioral Medicine, 22 (3)

Segerstrom, S.C., Castaneda, J.O. & Spencer, T.E. (2004). Optimism effects on cellular immunity: Testing the affective and persistence models. Personality and Individual Differences 35.

Selye, H. (1974) Stress without Distress. Philadelphia, PA: Lippincott.

Smith, T. W. & Williams, P. G. (1992). Personality and health: Advantages and limitations of the five-factor model.J. Personal, (in press).

Steinmann, R. (2005). Psychische Gesundheit – Stress, Wissenschaftliche Grundlagen für eine nationale Strategie zur Stressprävention und Förderung psychischer Gesundheit in der Schweiz. Hrsg. Gesundheitsförderung Schweiz.

Triebel, C., Heller, J., Hauser, B. & Koch, A. (2016). Qualität im Coaching. Denkanstöße und neue Ansätze: Wie Coaching mehr Wirkung und Klientenzufriedenheit bringt (1. Aufl. 2016). Berlin: Springer.

Udris, I. & Frese, M. (1999). Belastung und Beanspruchung (Originaltitel: «Belastung, Beanspruchung, Stress und Gesundheit»). In: Carl Graf Hoyos & Dieter Frey (Hrsg.). Arbeits- und Organisationspsychologie. Ein Lehrbuch. Weinheim.

Vollmann, M. & Weber, H. (2005). Gesundheitspsychologie. In: SCHÜTZ, Astrid, ed. and others. Psychologie: Eine Einführung in ihre Grundlagen und Anwendungsfelder. Stuttgart:Kohlhammer.

Weber, H. (2005). Handbuch der Persönlichkeitspsychologie und Differentiellen Psychologie. Göttingen: Hogrefe.

Wiebe, D. J. & Smith, T. W. (1997). Personality and health. Progress and problems in psychosomatics. In R. Hogan (Ed.), Handbook personality psychology. San Diego, CA: Academic Press.

Quellen aus dem Internet:

https://de.thpanorama.com/blog/psicologia/albert-bandura-biografa-y-teora-del- aprendizaje-social.html (Zugriff am 10.08.2019)

http://www.burnoutvermeiden.at/blog/transaktionales-stressmodell/ (Zugriff am 11.08.2019)